BEI GRIN MACHT SICH IHR WISSEN BEZAHLT

- Wir veröffentlichen Ihre Hausarbeit,
  Bachelor- und Masterarbeit

- Ihr eigenes eBook und Buch -
  weltweit in allen wichtigen Shops

- Verdienen Sie an jedem Verkauf

Jetzt bei www.GRIN.com hochladen
und kostenlos publizieren

Bibliografische Information der Deutschen Nationalbibliothek:

Die Deutsche Bibliothek verzeichnet diese Publikation in der Deutschen National-bibliografie; detaillierte bibliografische Daten sind im Internet über http://dnb.d-nb.de/ abrufbar.

Impressum:

Copyright © 2010 GRIN Verlag
Druck und Bindung: Books on Demand GmbH, Norderstedt Germany
ISBN: 9783640739547

Dieses Buch bei GRIN:

https://www.grin.com/document/158725

Alexander Rettig

Die richtigen Mitarbeiter finden: Testverfahren im Rahmen der Personalbeschaffung

GRIN Verlag

GRIN - Your knowledge has value

Der GRIN Verlag publiziert seit 1998 wissenschaftliche Arbeiten von Studenten, Hochschullehrern und anderen Akademikern als eBook und gedrucktes Buch. Die Verlagswebsite www.grin.com ist die ideale Plattform zur Veröffentlichung von Hausarbeiten, Abschlussarbeiten, wissenschaftlichen Aufsätzen, Dissertationen und Fachbüchern.

Besuchen Sie uns im Internet:

http://www.grin.com/

http://www.facebook.com/grincom

http://www.twitter.com/grin_com

Alexander Rettig

Wissenschaftliche Arbeit aus dem Bereich

Personalmanagement

AKAD Hochschule Stuttgart

Personalauswahl - die richtigen Mitarbeiter finden:

Testverfahren im Rahmen der

Personalbeschaffung

Regensburg, September 2010

INHALTSVERZEICHNIS

ABBILDUNGSVERZEICHNIS

III

1. Einleitung

1.1 Einführung

Der Wandel des Personalbereichs von der administrativen Personalverwaltung zum „Human Ressource Management" zeigt, dass sich mittlerweile die Erkenntnis durchgesetzt hat, dass die Mitarbeiter die wertvollste Ressource eines Unternehmens sind. In der Vergangenheit wurden die Mitarbeiter hingegen eher als Kostenfaktor betrachtet.

Aufgrund dieses Paradigmenwechsels ist auch klar, dass der Auswahl der geeigneten Mitarbeiter ein noch höherer Stellenwert beigemessen werden muss als dies in der Vergangenheit der Fall war. Das zentrale Problem bei der Personalauswahl besteht vor allem darin, zu prüfen, ob ein Kandidat für die vorgesehenen Aufgaben geeignet ist. [1] Zukünftig wird es für die Unternehmen – gerade unter dem Gesichtspunkt der demographischen Entwicklung – noch schwerer werden, fähige Mitarbeiter zu rekrutieren. Für die Betriebe stellt es eine große Herausforderung dar, fähigen Nachwuchs für die zukünftigen Rentner der „Babyboom-Generation" zu finden. [2]

Zur Auswahl der Mitarbeiter stehen verschiedene Instrumente zur Verfügung.
Im Rahmen dieser Arbeit werden die Testverfahren im Rahmen der Personalbeschaffung näher betrachtet.
Bei Tests handelt es sich um ein sehr altes Auswahlinstrument, welches bereits bei den Griechen ca. 500 - 400 Jahre vor Christus eingesetzt wurde. Bei den Spartanern mussten Knaben eine Serie von – hauptsächlich körperlichen – Proben ablegen und nur wer alle bestand wurde in den Kreis der „männlichen Spartaner" aufgenommen. In Athen führte Sokrates eine intellektuelle Art der Prüfung ein, um die Gelehrsamkeit seiner Schüler zu testen und zu erweitern. [3]

---

[1] Vgl. Wöhe, Günther: Einführung in die allgemeine Betriebswirtschaftslehre, 21. Auflage, München 2002, S. 248
[2] Vgl. Fernandes-Araoz, Claudio; Groysberg, Boris; Nohria, Nitin: Recruiting – so holen Sie sich die besten Leute; in: Harvard Business Manager, Juni 2009, S. 25 - 39
[3] Chancey, Henry; Dobbin, John: Der Test im modernen Bildungswesen, Stuttgart 1970, S. 12

Betriebswirtschaftlich betrachtet hat das Unternehmen natürlich auch großes Interesse daran, die richtigen Bewerber zu finden. Fehlbesetzungen können erhebliche ökonomische Folgen haben. Neben den wirtschaftlichen Nachteilen tragen unfähige Mitarbeiter aber auch zu einem schlechten Betriebsklima bei und können die Motivation der anderen Mitarbeiter senken. Darüber hinaus sind sie im Kundenkontakt schlechte Imageträger und senken die wahrgenommene Kompetenz des Unternehmens. Testverfahren sind im Rahmen der Personalbeschaffung ebenso ein Mittel, um Zeit und Geld zu sparen, da die Unternehmen in kurzer Zeit viele Informationen erhalten. Man kann die Zahl der Bewerber so vorab eingrenzen, um weniger persönliche Gespräche durchführen zu müssen, welche besonders zeitintensiv sind. Das verringert die Opportunitätskosten, welche durch die zeitliche Bindung der Personalverantwortlichen entstehen.

1.2 Zielsetzung der Arbeit

Ziel dieser Arbeit ist es, die verschiedenen Arten der in den Unternehmen eingesetzten Testverfahren darzustellen, und die Gütekriterien, anhand derer die Testverfahren zu beurteilen sind, aufzuzeigen. Anhand der Interpretation einer aktuellen Studie soll zudem die aktuelle Lage hinsichtlich des Einsatzes von Testverfahren bei deutschen Unternehmen dargestellt werden.

1.3 Aufbau der Arbeit

Nach Klärung der Frage, warum Tests überhaupt durchgeführt werden, werden die einzelnen Testverfahren erläutert und voneinander abgegrenzt. Im Anschluss werden die Gütekriterien erläutert und eine aktuelle empirische Studie interpretiert.

Zu beachten ist, dass nur ein komprimierter Überblick über die Thematik aufgezeigt wird, was der Tatsache geschuldet ist, dass mit der Arbeit ein Schnelleinstieg in das Thema ermöglicht werden soll. Aus diesem Grund wird auch auf die Darstellung einzelner konkreter Verfahren verzichtet.

2 Theoretische Grundlagen

2.1 Begriffsbestimmungen

Im allgemeinen Sprachgebrauch sind Tests standardisierte und routinemäßig anwendbare Stichproben menschlichen Verhaltens.[4] Abgegrenzt von anderen Instrumenten der Eignungsdiagnostik versteht man unter Tests nur Instrumente, mit Hilfe derer man psychometrisch vergleichbare und gültige Informationen über Verhalten und Erleben einzelner Personen erhalten kann.[5] Mit Hilfe von Testverfahren will man bestimmte Merkmale von Personen – insbesondere Fähigkeiten, Fertigkeiten, Einstellungen, Motive und Interessen – messen.[6] Da die im Rahmen der Personalbeschaffung eingesetzten Testverfahren jedoch in zwei sehr unterschiedliche Hauptgruppen eingeteilt werden können, ist es sinnvoll, bereits an dieser Stelle einen Vorgriff auf Abschnitt 3.1 zu machen. Zur Konkretisierung muss man zwischen Fähigkeitstests und Persönlichkeitstests unterscheiden. Fähigkeitstests ermitteln die allgemeine Leistungsfähigkeit, die Intelligenz, spezielle Begabungen und die spezielle Leistungsfähigkeit.[7] Persönlichkeitstests, also psychologische Eignungstests sind standardisierte, routinemäßig anwendbare Verfahren zur Messung individueller Verhaltensmerkmale. Aus den Ergebnissen können Rückschlüsse darüber gezogen werden, wie sich jemand in bestimmten Situationen verhalten wird. [8]

---

[4] Vgl. Kolb, Meinulf: Personalmanagement: Grundlagen – Konzepte- Praxis, 1. Auflage, Wiesbaden 2008, S. 115
[5] Vgl. Sarges, Werner; Wottawa, Heinrich: Handbuch wirtschafspsychologischer Testverfahren – Band I, Personalpsychologische Instrumente, 2., überarbeitete und erweiterte Auflage, Lengerich, 2004, S. VII
[6] Vgl. Steinmann, Horst; Schreyögg, Georg: Management – Grundlagen der Unternehmensführung, Wiesbaden 1997, S. 652
[7] Vgl. Jung, Hans: Allgemeine Betriebswirtschaftslehre, 10. überarbeitete Auflage, München 2006, S. 931
[8] Vgl. Walter, Henry: Handbuch Führung – der Werkzeugkasten für Vorgesetzte, Frankfurt am Main / New York 1998, S. 224

2.2 Einordnung in das Personalmanagement

Testverfahren sind in den Bereich der Personalbeschaffung einzuordnen. Verfeinert man die Einordnung weiter, kommt man in den Bereich der Personalauswahl und schließlich in den Bereich der Eignungsdiagnostik.

Mit Hilfe der Eignungsdiagnostik wird überprüft, ob ein Bewerber geeignet ist (Ist-Zustand), eine bestimmte Stelle (Soll-Zustand) zu besetzen,[9] d.h., die Eigenschaften einer Person und die Anforderungen der Stelle müssen korrespondieren.[10]

Testverfahren helfen also bei der Lösung der grundsätzlichen Fragestellung der Personalbeschaffung: Wie kann man aus der Masse der Bewerber den Mitarbeiter finden, der die optimalen Voraussetzungen für eine Stelle mitbringt?[11]

3 Arten von Testverfahren

3.1 Klassifikation der Testverfahren

In der Literatur findet man mehrere verschiedene Einteilungen der Testverfahren. In dieser Arbeit wird sich jedoch an einer Klassifikation orientiert, wie sie in vielen Standardwerken der Betriebswirtschaftslehre zu finden ist. Grundsätzlich unterscheidet man demnach zwei Gruppen von Tests, nämlich Fähigkeitstests und Persönlichkeitstests.[12]/[13] Die beiden Testarten fassen als Oberbegriff weitere Testverfahren zusammen und werden nun erläutert.

---

[9] Vgl. Wöhe, Günther: Einführung in die allgemeine Betriebswirtschaftslehre, S. 248
[10] Vgl. Krumm, Stefan; Schmidt-Atzert, Lothar: Leistungstests im Personalmanagement, Göttingen 2009, S. 2
[11] Vgl. Krumm, Stefan; Schmidt-Atzert, Lothar: Leistungstests im Personalmanagement, S. 1
[12] Vgl. Scholz, Christian: Personalmanagement, 5., neubearbeitete und erweiterte Auflage, München 2000, S. 477-479
[13] Vgl. Jung, Hans: Allgemeine Betriebswirtschaftslehre, S. 931

Zur Visualisierung eignet sich folgendes Schaubild:

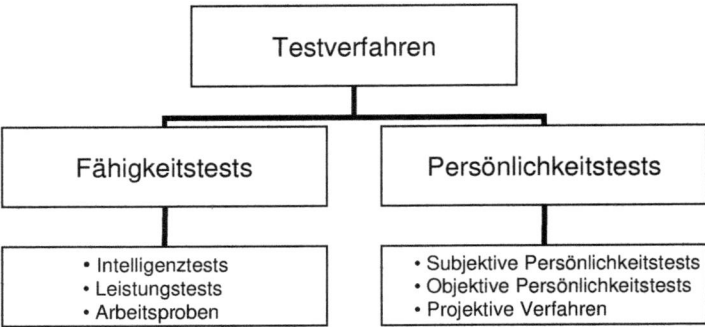

Abbildung 1: Übersicht über die Testverfahren [14]

Man kann die Testverfahren gegeneinander abgrenzen, indem man klärt, was genau untersucht wird. Bei Fähigkeitstests werden leistungsmäßige Eigenschaften gemessen, bei Persönlichkeitstests hingegen persönliche Eigenschaften, d.h., die Persönlichkeitsstruktur des Bewerbers wird untersucht.

3.2 Fähigkeitstests

Wie bereits unter Abschnitt 2.1 erwähnt, ermitteln Fähigkeitstests die allgemeine Leistungsfähigkeit, die Intelligenz, spezielle Begabungen und die spezielle Leistungsfähigkeit einer Person.[15]
Man unterscheidet zwischen Intelligenztests, Leistungstests und Arbeitsproben.

3.2.1 Intelligenztests

Intelligenztests messen die Intelligenzstruktur eines Bewerbers, d.h. seine verschiedenen Teilintelligenzen, die zusammen die Gesamtintelligenz bilden. Die Intelligenz eines Menschen setzt sich vor allem aus mathematischen und sprachlichen Fertigkeiten, Kombinations- und Merkfähigkeit und räumlichem

---

[14] eigene Darstellung
[15] Vgl. Jung, Hans, Allgemeine Betriebswirtschaftslehre, S.931

Vorstellungsvermögen zusammen.[16] Sie zielen auf die Erfassung der kognitiven Fähigkeiten einer Person ab. [17] Für die Prognose des Berufserfolgs zählen Intelligenztests laut Studien (Schmidt/Hunter 1998 und Schuler/Höft 2004) zu den besten Indikatoren.[18]. Allerdings bedeutet eine nachgewiesene Korrelation zwischen Intelligenz und Berufserfolg in der Allgemeinbevölkerung noch nicht, dass auch im Spezialfall eines bestimmten Berufsbildes ein Zusammenhang besteht. Dies müsste streng genommen für die spezielle Berufsgruppe nachgewiesen worden sein. [19]

Abbildung 2 stellt einen Auszug aus einem Intelligenztest dar:

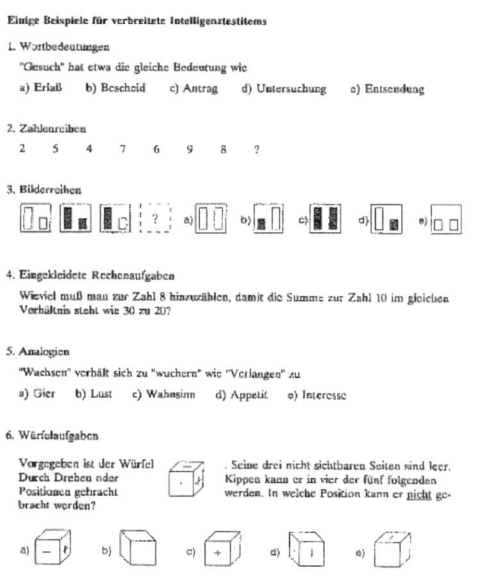

Abbildung 2: Beispiele für Aufgaben aus einem Intelligenztest[20]

---

[16] Kolb, Meinulf: Personalmanagement, S. 118
[17] Vgl. Stock-Homburg, Ruth: Personalmanagement: Theorien – Konzepte – Instrumente, 1. Auflage, Wiesbaden 2008, S. 138
[18] Vgl. Preckel, Franzis; Brüll, Matthias: Intelligenztests, München 2008, S. 63
[19] Vgl. von der Linde, Boris: Personalauswahl – Schnell und sicher Top-Mitarbeiter finden, 3. Auflage, Planegg 2008, S. 163
[20] Vgl. Schuler, Heinz: Psychologische Personalauswahl, Einführung in die Berufseignungsdiagnostik, 3. unveränderte Auflage, Göttingen 2000, S. 107

3.2.1 Leistungstests

Leistungstests können in allgemeine und spezielle Leistungstests unterteilt werden. Allgemeine Leistungstests sind Verfahren, die allgemeine Voraussetzungen für das Erbringen kognitiver Leistungen erfassen. [21] Sie nehmen Bezug auf Grundvoraussetzungen für jede geistige Leistung. Dazu gehören vor allem die Merkmale Konzentration, Aufmerksamkeit, Willensstoßkraft sowie Willenseinsatz. [22]

Spezielle Leistungstests fokussieren – wie der Name schon sagt – auf besondere Fähigkeiten und Fertigkeiten. [23] Eine spezielle Fähigkeit wäre zum Beispiel die psychomotorische Geschicklichkeit, eine spezielle Fertigkeit das technische Verständnis. [24] Leistungstests erscheinen für die Bewerber im Vergleich zu anderen Testverfahren am ehesten akzeptabel, da der Zusammenhang mit der Stelle oftmals klar ersichtlich ist. [25]

Abbildung 3 zeigt einen Screenshot aus einem allgemeinen Leistungstest:

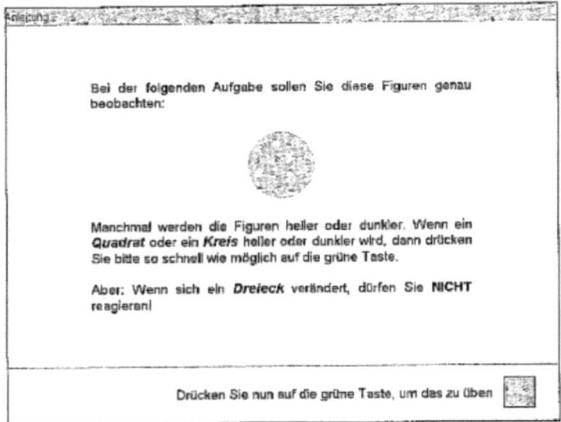

Abbildung 3: Screenshot WAF Untertest Selektive Aufmerksamkeit [26]

---

[21] Vgl. Krumm, Stefan; Schmidt-Atzert, Lothar: Leistungstests im Personalmanagement, S. 5
[22] Vgl. Scholz, Christian, Personalmanagement, S. 479
[23] Fertigkeiten können im Unterschied zu Fähigkeiten erlernt werden
[24] Vgl. Krumm Stefan, Schmidt-Atzert, Lothar, Leistungstest im Personalmanagement, S. 7
[25] Vgl. Kolb, Meinulf, Personalmanagement, S. 119
[26] Aus Krumm, Stefan; Schmidt-Atzert, Lothar: Leistungstests im Personalmanagement, S. 60

3.2.3 Arbeitsproben

Arbeitsproben sind standardisierte Aufgaben, welche inhaltlich valide und erkennbar äquivalente Stichproben des erfolgsrelevanten beruflichen Verhaltens provozieren.[27] Arbeitsproben finden in der Praxis häufiger bei motorisch-handwerklichen Tätigkeiten Anwendung. Dies kann z. B. das Werkstück eines Schreiners oder der Kuchen eines Konditors sein. Prinzipiell jedoch sind Arbeitsproben bei allen Arten von Berufstätigkeiten einsetzbar,[28] wie zum Beispiel die Publikation, die ein Journalist bei einer Zeitung einreicht oder der Probeunterricht, den ein Hochschullehrer hält.

Auch ein Praktikum ist eine Sonderform der Arbeitsprobe, welche die Besonderheit aufweist, dass die Arbeit über einen längeren Zeitraum beobachtet wird.

Die Augenscheinlichkeit der Arbeitsprobe fördert die Akzeptanz seitens der Verwender wie der Probanden und kommt der Selbstselektion zugute. Downs, Farr und Colbeck konnten dies 1978 durch ein Experiment eindrucksvoll nachweisen. Im Anschluss an eine handwerkliche Arbeitsprobe, bei der zusätzlich die Möglichkeit zur Selbstbeurteilung gegeben war, wurde allen Bewerbern eine Anstellung angeboten. Von den in der Arbeitsprobe Leistungsstärksten nahmen 91 Prozent das Angebot an, während von den Leistungsschwächsten nur 23 Prozent das Angebot annahmen.[29]

Ein klassisches Beispiel ist die sogenannte Drahtbiegeprobe, welche in der Literatur sehr häufig angeführt wird.

---

[27] Vgl. Schuler, Heinz: Psychologische Personalauswahl, S. 115
[28] Vgl. Schuler, Heinz, Psychologische Personalauswahl, S. 118
[29] Vgl. Schuler, Heinz: Psychologische Personalauswahl, S. 117

Abbildung 4 stellt die Drahtbiegeprobe vor:

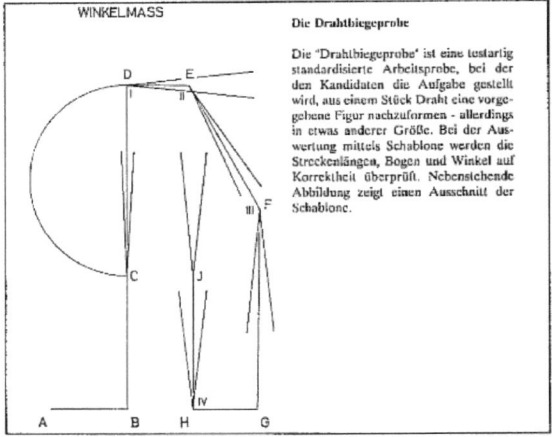

Abbildung 4: Beispiel Drahtbiegeprobe [30]

Die Einsatzmöglichkeit der Arbeitsprobe wird teilweise dadurch eingeschränkt, dass – im Vergleich zu anderen Tests – die fragliche berufliche Qualifikation zumindest in Ansätzen schon vorliegen muss.[31]

3.3 Persönlichkeitstests

Mit Persönlichkeitstests sollen vor allem Interesse, Neigungen, innere Einstellungen, soziale Verhaltensweisen und charakterliche Eigenschaften festgestellt werden.[32] Es sollen Merkmale erfasst werden, die weitgehend situationsabhängig und zeitlich konstant sind. Schwerpunkt ist das „WIE" der Problemlösung im Test.[33] Da Persönlichkeitstests lediglich spezifische Informationen über die Kandidaten erheben, werden sie meistens unterstützend eingesetzt.[34]

---

[30] aus Schuler, Heinz: Psychologische Personalauswahl, S. 117
[31] Vgl. Schuler, Heinz, Psychologische Personalauswahl, S. 118
[32] Vgl. Jung, Heinz: Allgemeine Betriebswirtschaftslehre, S. 931
[33] Vgl. Scholz, Christian: Personalmanagement, S. 477
[34] Vgl. von der Linde, Boris: Personalauswahl, S. 160

3.3.1 Subjektive Persönlichkeitstests

Beim subjektiven Test ist das Testprinzip für den Bewerber durchschaubar. Er kann durch seine Antworten das Testergebnis beeinflussen und verfälschen. [35]Beispiele für subjektive Tests sind Persönlichkeitsfragebögen oder Interessens- und Neigungstests.[36]. Anzumerken ist jedoch, dass bei umfangreicheren komplexen Testverfahren, wie dem Potenzial-Evaluations-Programm (PEP), eine Beeinflussung durch den Kandidaten sehr schwierig bzw. fast unmöglich ist. Durch den Aufbau der Fragen können Widersprüche und Gefälligkeitsantworten leicht entdeckt werden. [37]

3.3.2 Objektive Persönlichkeitstests

Beim objektiven Test bleibt dem Kandidaten das Prinzip des Tests verborgen. Da er nicht weiß, wie sein Verhalten interpretiert wird, kann er das Ergebnis nicht vorsätzlich beeinflussen. [38] Solche Tests verlangen keine Selbsteinschätzung der befragten Person, es wird vielmehr konkretes Verhalten in bestimmten Situationen erfasst. [39] Es wird versucht, die Objektivität durch standardisierte Abläufe zu gewährleisten. Beispiele dafür sind: Testbatterie nach Cattell, apparative Verfahren. [40]

3.3.3 Projektive Verfahren

Bei projektiven Tests wird versucht, durch psychologische Techniken die tiefer liegende Persönlichkeitsstruktur von Bewerbern zu ergründen. Es wird von dem in der Psychologie entwickelten Phänomen der „Projektion" ausgegangen: Die sich im Unterbewusstsein abspielenden Vorgänge werden in die Umwelt hineinprojiziert. [41] In der Praxis stellt sich das wie folgt dar: Die Probanden werden mit abstrakten Mustern, angefangenen Geschichten, Zeichnungen und Bildern stimuliert. Diese

---

[35] Vgl. Scholz, Christian: Personalmanagement, S. 477
[36] Vgl. Scholz, Christian, Personalmanagement, S. 479
[37] Gedächtnisprotokoll zum Vortrag von Prof. Dr. Hans Peter Kempkes im Rahmen des Seminars PER02 am 29.06.2010
[38] Vgl. Scholz, Christian, Personalmanagement, S. 478
[39] Vgl. Krumm, Stefan; Schmidt-Atzert, Lothar: Leistungstests im Personalmanagement, S. 4
[40] Vgl. Scholz, Christian, Personalmanagement, S. 479
[41] Vgl. Scholz, Christian: Personalmanagement, S. 478

Vorlagen sind so vage, dass sie verschiedene Interpretationsmöglichkeiten zulassen. Der Proband bringt bei der Ergänzung und Deutung dieser Stimuli sich selbst, seine inneren Gefühlszustände, Wünsche, Erfahrungen und Ähnliches ein. [42]

Dieser Test kann jedoch nur mit Einbindung eines Psychologen durchgeführt werden, da man für die Interpretation der Aussagen großes Expertenwissen auf dem Fachgebiet der Psychologie benötigt.

4. Gütekriterien

4.1 Hauptgütekriterien

Um brauchbare Informationen zu erhalten, müssen möglichst hohe Werte bezüglich der Objektivität, der Reliabilität und der Validität der Testverfahren gegeben sein.

4.1.1 Objektivität

Ein Test ist dann objektiv, wenn verschiedene Testleiter – unabhängig voneinander – zu verschiedenen Zeiten eine bestimmte Testleistung gleich bewerten.[43] Die Objektivität muss hinsichtlich der Durchführung, der Auswertung und der Interpretation gegeben sein. [44]

4.1.2 Reliabilität

Unter Reliabilität versteht man den Grad der Genauigkeit, mit dem ein Merkmal ein Verfahren misst. Beim Vorliegen stabiler Merkmale erwartet man, dass bei wiederholten Messungen dieselben Ergebnisse erzielt werden. Daher resultiert aus einer hohen Reliabilität eine Unabhängigkeit von Zufallsschwankungen und Umweltbedingungen. Die Reliabilität hängt damit stets auch von der Objektivität ab.[45]

---

[42] Vgl. Simon, Walter: Persönlichkeitsmodelle und Persönlichkeitstests: Offenbach 2006, S. 40-41
[43] Vgl. Jung, Franz, Allgemeine Betriebswirtschaftslehre, 10. Auflage, München 2006, S. 930
[44] Vgl. Simon, Walter, Persönlichkeitsmodelle und Persönlichkeitstests, S. 45
[45] Vgl. Simon, Walter: Persönlichkeitsmodelle und Persönlichkeitstests, S. 40-41

4.1.3 Validität

Unter Validität oder Gültigkeit versteht man den Grad der Genauigkeit, mit der ein Verfahren das misst, was es zu messen vorgibt, d.h., die Sicherheit der Schlüsse, die aus den Ergebnissen gezogen werden. [46]

4.2 Nebengütekriterien

Neben den unter 4.1 aufgeführten Hauptgütekriterien gibt es noch so genannte Nebengütekriterien.

Ein Test sollte auch

- normiert (Vergleich der relevanten Zielgruppe ermöglichen)
- vergleichbar (einen Abgleich mit ähnlichen Verfahren erlauben)
- ökonomisch (möglichst kosten- und zeitgünstig durchführbar sein)
- nützlich (einen relevanten Beitrag zur klärenden Frage leisten) sowie
- zumutbar und fair (nicht unnötig in die Privatsphäre der Teilnehmer eindringen und als gerecht erlebt werden) sein.[47]

5 Rechtliche Rahmenbedingungen und DIN 33430

Bei dem Einsatz der Testverfahren sind gewisse Rahmenbedingungen zu beachten, damit keine Verstöße gegen geltendes Recht und geltende Rechtssprechung begangen werden.

Zusammenfassend kann man sagen, dass die Durchführung von Persönlichkeitstests nur dann zulässig ist, wenn der Bewerber einwilligt und arbeitsplatzbezogene Merkmale erfasst werden. Es dürfen nur Verfahren eingesetzt werden, die nicht in die Intimsphäre eingreifen und mit wissenschaftlichen Methoden Ihre Zuverlässigkeit bewiesen haben. Ferner sind Mitbestimmungsrechte des Betriebsrates zu beachten, dies kommt jedoch stark auf den Einzelfall an. Bei leitenden Angestellten beispielsweise hat der Betriebsrat keinerlei Mitbestimmungsrechte.

---

[46] Vgl. Jung, Hans: Allgemeine Betriebswirtschftslehre, S. 930
[47] Vgl. Hossiep, Rüdiger; Mühlhaus, Oliver: Personalauswahl und –entwicklung mit Persönlichkeitstests, Göttingen 2005, S. 38

Zur Durchführung der Tests kann sich das Unternehmen an der DIN 33430 orientieren. Dies ist keine gesetzliche Verpflichtung, bietet aber neben einem positiven Imageeffekt (Personalmarketing / Fair Company) vor allem einen finanziellen Nutzen und eine hohe Rechtssicherheit.

Die DIN 33430 dient als Leitfaden für die Planung und Durchführung von Eignungsbeurteilungen. In ihr werden Qualifikationsanforderungen sowohl an die Personen, welche die Eignungsbeurteilung durchführen (z. B. Kenntnisse zu verschiedenen Auswahlverfahren, Beherrschen von Interviewtechniken), als auch an die dabei verwendeten Verfahren (z.b. aktuelle Normen, Anforderungsbezug), sowie an die einzuhaltenden Abläufe (z.b. Dokumentation der Ergebnisse) spezifiziert. [48]

6 Zusammenfassung einer aktuellen Studie [49]

Im Rahmen eines Artikels, welcher im April 2009 im Harvard Business Manager erschien, haben Jens Nachtweih und Carsten Schermuly eine empirische Studie über Testverfahren durchgeführt. Im Rahmen dieser Studie wurde auch geprüft, warum Eignungstests in Deutschland im Vergleich zu anderen Nationen ein Schattendasein fristen. Für die Auswertung griffen sie auch auf Erkenntnisse und frühere Studien anderer Autoren zurück. Es handelt sich um die Analysen von Hunter und Schmidt (1998), Judge (2000) und Arthur (2003). Bei der aktuellen Erhebung wurden bezüglich der Nutzungshäufigkeit 113 Personalleiter von mittelständischen und großen deutschen Unternehmen aller Branchen telefonisch befragt. In teilstrukturierten Interviews wurde gefragt, welche Instrumente zur Personalauswahl eingesetzt werden. Die Interviews wurden schriftlich nicht angekündigt. Durch die Art der Befragung sollten repräsentativere Ergebnisse erreicht werden, da hierdurch der Selbstselektionseffekt[50] entfällt. Eignungstests werden in Deutschland selten eingesetzt. Nur 8 Prozent aller KMU (Kleine und mittelständische Unternehmen) und 13 Prozent der Konzerne nutzen sie. Zum Vergleich: In Großbritannien arbeiten

---

[48] Vgl. Krumm, Stefan; Schmidt-Atzert, Lothar: Leistungstests im Personalmanagement, S. 36
[49] Abschnitt 6 ist eine Interpretation des Artikels von. Nachtwei, Jens; Schermuly Carsten: Acht Mythen über Eignungstests, in: Harvard Business Manager, April 2009, S. 6 - 10

[50] Dieser tritt häufig bei schriftlichen Umfragen auf und besagt, dass nur solche Personen teilnehmen, die sich ohnehin für das Thema interessieren und gängige Qualitätsstandards bereits erfüllen.

69 Prozent der Unternehmen mit Tests, in Spanien sogar 74 Prozent. Dabei liegt die Trefferquote[51] beim kombinierten Einsatz von Intelligenz- und Persönlichkeitstest bei 36 Prozent und damit höher als bei allen anderen Verfahren. Das in der Praxis sehr beliebte unstrukturierte Interview erreicht hingegen nur eine Trefferquote von 4 Prozent. Bei der Interpretation der Ergebnisse muss jedoch beachtet werden, dass die Autoren Arbeitsproben als separates Auswahlinstrument aufführen und nicht als Testverfahren werten. Im Rahmen der für diese Arbeit gesichteten Literatur werden Arbeitsproben jedoch überwiegend als Testverfahren bezeichnet.

Zur Visualisierung eignet sich folgendes Schaubild sehr gut, da sowohl Trefferquote als auch Nutzungshäufigkeit ersichtlich sind:

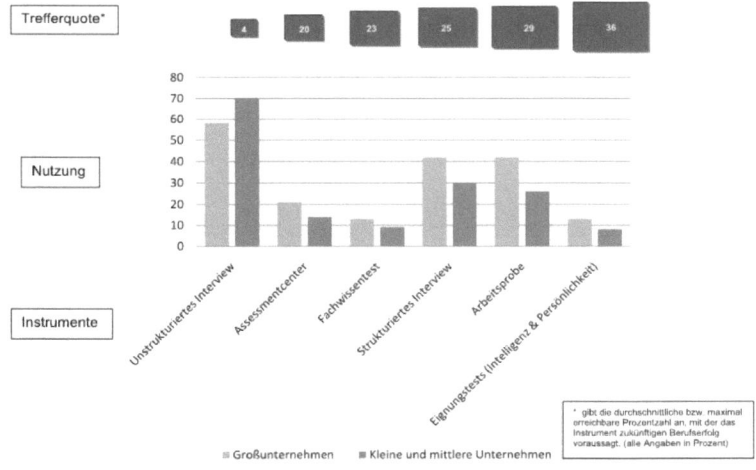

Abbildung 5: Nutzungshäufigkeit und Trefferquote diverser Auswahlverfahren[52]

Im zweiten Teil der Studie wurden im Herbst 2008 die typischen Vorbehalte gegen Eignungstests analysiert. In den Interviews der ersten Studie wurden die Vorbehalte gesammelt und im Anschluss zu acht Punkten verdichtet. Die acht häufigsten Vorbehalte lauten:

---

[51] Gibt die durchschnittliche bzw. maximal erreichbare Prozentzahl an, mit der das Instrument zukünftigen Berufserfolg vorhersagt

[52] aus www.ontalents.com/node/data/.../mythen_ueber_eignungstests.pdf

1. Testverfahren sind nur in großen Unternehmen sinnvoll

2. Testverfahren sind zu unpersönlich

3. Testverfahren schrecken Bewerber ab

4. Testverfahren messen vor allem Testangst

5. Testverfahren erfassen Komplexität nicht

6. Testverfahren sind durchschaubar

7. Testverfahren erfassen die Realität nicht

8. Testverfahren sind sinnlos bei Führungskräften

Für die 2. Studie wurden die Fragen zur Thematik per Internetfragebögen an 200 Personalleiter geschickt, davon nahmen 42 an der Studie teil.

Die Bedenken waren fast immer bei denjenigen Personalverantwortlichen höher, die selbst keine Eignungstests durchführen, als bei jenen, die Erfahrungen mit solchen Verfahren haben. Das lässt den Schluss zu, dass der praktische Umgang mit Eignungstests Skepsis und Vorurteile verringert.

Folgende Abbildung stellt die acht häufigsten Vorbehalte dar und zeigt den Grad der Zustimmung auf (aufgeteilt nach Unternehmen, die Tests nutzen oder nicht):

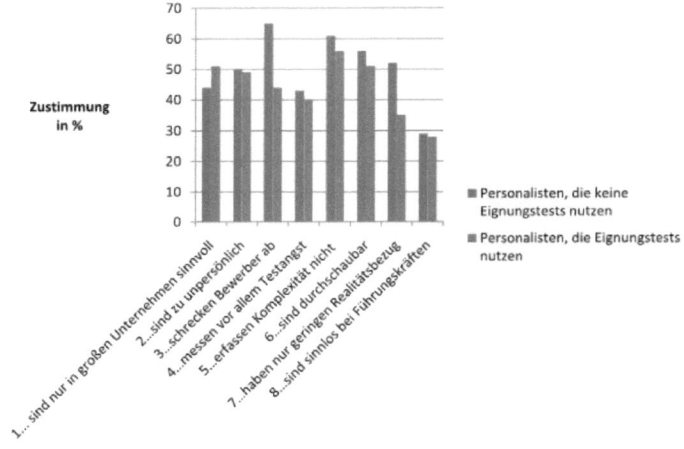

Abbildung 6: Vorbehalte gegen Testverfahren und Quote der Zustimmung [53]

Bis auf Vorbehalt „Testverfahren sind sinnlos bei Führungskräften" waren alle Vorbehalte über 50 Prozent der Befragten bekannt. Das lässt die Schlussfolgerung zu, dass die Vorbehalte weit verbreitet sind.

Als Fazit des Artikels stellen die Forscher dar, dass es zwar gelungen ist, Vorbehalte zu identifizieren, die Unternehmen davon abhalten Bewerber durch validierte und treffsichere Verfahren zu schicken, jedoch noch nicht geklärt werden konnte, warum sich die Vorbehalte in Deutschland so hartnäckig halten, während Unternehmen in anderen Ländern vorurteilsfrei an die Tests herangehen. Als mögliche Gründe nannten die Verfasser der Studie den mangelnden Zugang zu psychologischer Fachliteratur und die Tatsache, dass Forschungsbefunde bisher noch nicht praxisgerecht genug aufbereitet wurden.

7 Fazit

Zusammenfassend hält der Autor Testverfahren für ein gutes Auswahlinstrument, sofern es in Kombination mit anderen Verfahren eingesetzt wird. Als alleiniges Auswahlkriterium ist es nach Meinung des Verfassers nicht geeignet.

Testverfahren sind im Rahmen einer Vorauswahl besser geeignet, um Bewerber zu vergleichen, als beispielsweise Noten in einem Zeugnis oder einem Diplom. Die Anforderungen in verschiedenen Bundesländern (Schulnoten) oder an verschiedenen Hochschulen erlauben keinen fairen Vergleich, da Notenmaßstäbe sowie Art der Prüfungen und Zensurengebung vielfältig und unterschiedlich sind. Fortbildungen mit dem gleichen Namen weisen von unterschiedlichen Anbietern oft erhebliche Niveauunterschiede auf und Zertifikate sind oftmals geschönt. Bei Einsatz von Testverfahren ist daher ein objektiverer Vergleich von Bewerbern möglich. Außerdem ermöglicht es ein Testverfahren, das beispielsweise vor einem Interview durchgeführt wird, dem Interviewer, auf Auffälligkeiten des Tests gesondert einzugehen.

---

[53] aus www.ontalents.com/node/data/.../mythen_ueber_eignungstests.pdf

Nach Ansicht des Autors sind Testverfahren als **ein** Baustein im Rahmen der Personalauswahl zu empfehlen, besonders wenn moderne komplexe Verfahren eingesetzt werden, welche die Gütekriterien in hohem Maße erfüllen.

LITERATURVERZEICHNIS

Chancey, Henry; Dobbin, John:
Der Test im modernen Bildungswesen, 2. Auflage, Stuttgart 1970

Fernandes-Araoz, Claudio; Groysberg, Boris; Nohria, Nitin:
Recruiting – so holen Sie sich die besten Leute; in: Harvard Business Manager, Ausgabe Juni 2009

Hossiep, Rüdiger; Mühlhaus, Oliver:
Personalauswahl und –entwicklung mit Persönlichkeitstests, Göttingen 2005,

Jung, Hans:
Allgemeine Betriebswirtschaftslehre, 10. überarbeitete Auflage, München 2006

Kolb, Meinulf:
Personalmanagement: Grundlagen – Konzepte- Praxis, 1. Auflage, Wiesbaden 2008

Krumm, Stefan; Schmidt-Atzert, Lothar:
Leistungstests im Personalmanagement, Göttingen 2009

Preckel, Franzis; Brüll, Matthias:
Intelligenztests, München 2008

Sarges, Werner; Wottawa, Heinrich:
Handbuch wirtschafspsychologischer Testverfahren – Band I,
Personalpsychologische Instrumente, 2., überarbeitete und erweiterte Auflage, Lengerich, 2004

Scholz, Christian:
Personalmanagement, 5., neubearbeitete und erweiterte Auflage, München 2000

Schuler, Heinz:

Psychologische Personalauswahl, Einführung in die Berufseignungsdiagnostik, 3. unveränderte Auflage, Göttingen 2000

Simon, Walter:

Persönlichkeitsmodelle und Persönlichkeitstests: Offenbach 2006, S. 40-41

Steinmann, Horst; Schreyögg, Georg:

Management – Grundlagen der Unternehmensführung, Wiesbaden 1997

Stock-Homburg, Ruth:

Personalmanagement: Theorien – Konzepte – Instrumente, 1. Auflage, Wiesbaden 2008

von der Linde, Boris:

Personalauswahl – Schnell und sicher Top-Mitarbeiter finden, 3. Auflage, Planegg 2008

Walter, Henry:

Handbuch Führung – der Werkzeugkasten für Vorgesetzte, Frankfurt am Main / New York 1998

Wöhe Günther:

Einführung in die allgemeine Betriebswirtschaftslehre, 21. Auflage, München 2002

QUELLENVERZEICHNIS

Kempkes, Hans Peter:
Gedächtnisprotokoll zum Seminar PER02 am 29.06.2010 in Stuttgart

Ontalents
Zwei Studien über Eignungstests
www.ontalents.com/node/data/.../mythen_ueber_eignungstests.pdf
Zugriff und Druck: 11.07.2010